HORMIGAS EN EL CENTRO DE UN DESIERTO

EOLAS
ediciones

HORMIGAS EN EL CENTRO
DE UN DESIERTO

Raúl Molina Gil

Fue el tormento, los golpes y en pedazos nos rompimos. Yo alcancé a oírte, pero la luz se iba. Te busqué entre los destrozados, hablé contigo. Tus restos me miraron y yo te abracé. Todo acabó. No queda nada.

Raúl Zurita

Idiomas de la sangre

al borde mismo de la sangre donde
ya nunca más la noche empezaría
José Ángel Valente

Interior

había un adentro, yo lo habito. un adentro como de cámaras
frigoríficas y de acero. había un adentro, lo habitamos. un
adentro con una sombra vertical y el cuerpo de un ternero
al final del camino, y tú tirada sobre la hierba mirando el
horizonte y deseando no haber nacido nunca. sí, un adentro
iluminado que invita a no salir, a no respirar siquiera más de
dos veces por minuto. había un adentro lleno de lluvia, una
casa de muros agrietados y los alaridos de muchachos casi
muertos de donde sales tú cada mañana para decirnos que no
debemos entrar, que no debemos querer entrar porque no es
agradable la casa tomada, porque no hay balcones ni ventanas
ni dos soles que iluminen el cuerpo de los perseguidos. no,
no, no me mires más con esas cuencas de piedra, no nos
digas que no quieres saber nada de los ocasos ni del viento
azotando los cipreses. aquí no quedan tumbas vacías que
llenar ni saltamontes, aquí no quedan lagos ni animales
atrapados en las redes de pesca. había un adentro, hay un
adentro, lo habitamos. un adentro de níquel y de yodo. se
llevaron todo lo adherido a la tierra y ya no estás tumbada
mirando el horizonte, se lo llevaron todo y nos dejaron
anclados a las venas. era negro, todo blanco, era negro todo
rojo. había un adentro, un adentro sin salida y colmado de

11

nieve. blanco. un adentro blanco, sí, era blanco. o quizá gris o quizá opaco. y tus dientes de leche cayendo sobre las rocas, cayendo sobre el veneno, sobre la hierba. sería injusto que aullara el perro toda la noche y tú lo sabes. sabes que más allá de estos cables tiene que haber vida, quizás plazas, calles, casas, quizás bancos, muros, piedras. alguien. al fin y al cabo, alguien. había un adentro de coronas que ruedan por la tierra, un sublime silencio sobre estos campos, un adentro de insectos, de animales agazapados entre dos tiempos. un adentro, un adentro.

y nosotros perdidos, y nosotros querido hermano
un recuerdo que se desvanece como hormigas
en el centro de un desierto

Primer relato

—Porque perdí la lengua yo también soy un hombre aproximado.
Coleccionista de cáscaras de nuez en las selvas del éxtasis,
recolector de vidas en oriente.
Y, sin embargo, tengo en mí todos los sueños:

—¿A qué se debe que vista usted siempre de negro?

Todavía   sangran

todavía sangran

todavía   las seis llagas

de la palabra   *lengua*.

—Porque mi padre era ciego amo la noche
    y en mi interior toda esta tierra descarnada
   como una enorme ola…

Nosotros, nosotros, nosotros,
(como en un viaje hasta la piedra semilla lumbre lava ausencia)

    escogeremos qué creer

cuando en lo alto los cielos no hayan sido nombrados.

Ante la falta

No sabes
que fuera huele a alcohol y soldadura
que es fuera donde viven las lombrices
y las aves se lanzan en picado
                              hacia la tierra.

Que es allí, necesariamente allí,
donde existe la llama,
donde habitan muchachos
que buscan ser eternos
antes de disiparse entre la niebla,
donde ya nunca vísceras ni sangre
ni miles de cadáveres y moscas.

Te marchas y soy yo
              quien piensa en accidentes.

Acto inconcluso

Para que suavemente vibre en tu memoria,
para que suavemente el parque abandonado:
ruindad y tedio, viejo amigo,
                ruindad y tedio a fuego en las mejillas.
Hubo un tiempo en que nada podía detenernos;
y tú llorabas,
linchado en el suelo como un perro perdido
mientras brotaban de tus fauces
barcos mecidos por la sangre
                                de esta tormenta gris.

Me dicen que camino en paralelo,
que se ha acabado el tiempo de la espera
porque es todo una danza entre ratones y cloacas.
Me dicen que lo sabes,
                        que avanzas sin control
para que suavemente vibre en tus oídos.

Confesión

Hermano, mi desvelo:
    la noche abierta hacia la prisa
                de los cuerpos.

Permanecer ahora se antoja necesario
porque nadie regresa del dolor
ni de la histeria
cuando la selva nos invade
y nos obliga a bailar
        a dúo con la fiebre.

Dices que su zumbido
                no nos deja dormir
porque ya hemos cavado tantas tumbas
que es el silencio parte de la vida,
que tedioso es andar de un lado a otro
hasta creer que un cuerpo se repite
navaja en mano
        frente al cristal.

Dendritas

Mi nombre ha sido y es
                    cicuta:

huellas y dentelladas tras los muros,
                              sin embargo,
evocaremos plazas y en su centro
una niña perdida que canta y todos ríen,
una niña perdida y nuestro cuerpo tenue
más allá de los márgenes.
Decimos *hay mamíferos soñando que son aves,*
soñando que son todas salidas de emergencia
que el óxido ha cambiado

                    y navegar.

Laberintos

Tú, como todos,
pero algo más perdido en lo nocturno,
uno entre tantos
        vagones de tercera
            atravesando la noche.
Difícil es vivir
una hora más a la intemperie,
cuando el desvelo es tu mirada
y el margen de los lagos.

       Fue mucho más al norte
donde la enfermedad   está adherida al musgo
y el musgo   a las rocas,
y las rocas   al suelo
      todavía virgen.

Tatuaje del sentido

(a Antonio Méndez Rubio)

¿Recuerdas los insectos pidiéndonos clemencia
como una vieja perra colgada del alambre
      y vuelta a apalear?
Quisimos tu mirada en lo profundo
                tu inalcanzable duda,
el óxido y la histeria de nuevo recorriendo
la palma de tus manos,
ahora que no estás adherido a las rocas
ni esperas tras la lluvia
el mar impredecible y su oleaje.

Quizás hayamos sido
              errores del azar
bajo este sol de todos los milenios,
quizás mi boca se lamente
          del ansia en la palabra
y sea yo
      el más constante de mis enemigos:
        ladrón de barcos condenado
hasta el fin de los vientos.

Segunda confesión

Quizás sea tu piel la que no sufre ahora,
o quizás son tus huesos los que ya no rechinan,
los que ya no se escarchan ni permiten el tacto.

No importa,
            después de todo sé
                    que cuanto tiembla es blanco
y no ha de responder ante la letra.

Es hora de las nuevas confesiones:
no modulé canciones pastoriles,
con la amarilla piel
            del medio oeste a mis espaldas
 y la tierra quebrada
            de la meseta ante mis ojos.

Ahora sé que esta es nuestra condena,
un callar frágil que todo lo disloca,
la lanza de su muerte al cielo alzada.

La libertad del átomo

Tan solo éramos niños,
pero sabíamos del viento,
de la liberación del yodo y del futuro.

Mi infancia atravesada de sirenas:
decían
                  que no era peligroso
andar jugando por las plazas,
por las calles,
por parques y jardines macilentos.

Nuestra memoria:
una fotografía de la misma boca del infierno
centenares de hombres a lomos de caballos
hacia la nada
        ha cia la na da
              hacia la lava.

Para poder decir ciudad al menos

Dejad que me acompañe hasta en la tierra,
que sea todo
océano batiente, viento helado,
que crezcan mis cabellos.

¿Os llega mi rumor mordiente, crepitante?
¿Os llega como hígados
                    hendidos por agujas?

Ahora me pregunto
si puede el aire huir de caracoles,
cantar a viva voz los truenos.
Me lo pregunto ahora
que la ciudad se desvanece
                    y nada queda por vivir,

como si nunca demasiada ausencia
hubiera sido suficiente.

Mientras la danza

Soy sístoles,
                    diástoles,
catorce millones de impulsos
eléctricos cada segundo,
tormentas de arena que no
                    supieron detenerse.

Soy su ceniza, tu naufragio,
                    ascuas bajo los pies.
El viento del norte, su frío sin bondad,
        la lucha, el grito, la tela raída.

Soy cada margen de su cuerpo:
                    su piel, quemada por el sol.

Las bestias

(a Ángela Martínez)

De nuevo camináis despacio contra el viento,
de nuevo hay una frase en vuestros labios,

            y dos millones bajo el sol.

Al menos sé que todavía nada existe
que pueda hacer de ti miseria y trampa,
al menos que la muerte nos visita
y nos señala hasta que somos

            pequeños como ancestros
en noches de tormenta,
al menos sé la inmensidad del cielo por la noche
el viento o los aullidos

            cuando rabia la sombra.

Hermana, han ocupado los caminos,
han quemado los bosques
y no hay memoria de tu paso por la tierra.

Mientras bandadas vuelan hacia el este me pregunto,
si ya el cielo translúcido,

            el pájaro y el ala
            o la distancia entre sus cuerpos,

si aún hay derrota o mercenarios
que avancen sin control.

Como si nunca irrumpe   o se dilata
al son de los timbales   la historia de los otros
como si nunca minas,   campamentos
        bajo el silencio de la carne.

Recuérdalo,
        expulsaremos voces,
poseeremos
        el grito de los mudos
entre ciudades declarándose la guerra
y los pañuelos negros con tu sangre,

recuérdalo en el límite,
        al filo de los siglos,
donde los alaridos
        destruyen
        la imagen de la madre.

Aún y más allá nos esperan los vientres,
sin nada que decir que no sea una danza
olvidada y nocturna,
        alrededor de las bestias.

Canción de un cuerpo que no ríe

Sentí la huida de las aves,
      su vuelta a mis despojos
como un ruido de intrusos.
Sentí los nichos y las vejaciones,
      las viejas armas de los alienados,
a ti al cantar junto al maestro.

Es el momento de decir si lo recuerdas,
si has olvidado las llanuras, los trigales,
las trincheras, la metralla,
las ventanas,

      la caída

      las ciudades.

Los abandonos

[*Donde los más ligeros cambios*
                    te esperaré, dijiste]

Juro que te busqué
            en los lagos de sangre,
juro que me bañé en sus aguas
            que no pude avanzar
entre sombras de brea.

[*Porque hay miradas*
            que han perdido los ojos]

Nos han robado el aire y, sin embargo,
                    han dejado sus huellas
serpenteantes como una procesión de cadáveres.

[*Este lugar*
            es sólo una burbuja,
un gran dibujo a lápiz
            sobre amoniaco]

Se hunde la noche
            sobre las caravanas,

¿sabes?, los arrabales son ahora peligrosos
porque miles de perros
salvajes merodean

                por

                        sus calles.

[*Ya no pronuncies más en esa lengua,*
                murieron]

Todo es susurro de moscas sobre los huesos
como este hedor a soldadura y níquel.

[*Pero es al fin y al cabo mi mirada,*
                    dices,
pero es al fin y al cabo mi presente,
mi palabra, mi voz entre la niebla].

Con la piel de las madres se pueden hacer mapas

Y te deslizas
sin nada que recuerde los metales........
....
....
..............o simplemente sus arterias.
Larga y precisa es la caída, dices,
                larga y precisa desde
                        la helada cumbre

como debieron descender...................
....
hemos dejado de pensar
                en la importancia del delirio.
Busquemos un lugar que nos invada,
un animal exhausto
                en medio de los valles.
Y te deslizas........................
...........................quizás tengamos que creer
en el vacío
quizás en tierra que conserve
                la forma de los cuerpos..............

.... Por todo ello sé
de huidas en la nieve y de las huellas.
Por todo ello, digo, sé................................
....

Idiomas de la sombra

*escuché la huida de los insectos y la retracción
de la sombra al ingresar en lo que queda de mí*

Antonio Gamoneda

Fuga

existe un punto de fuga, debe existir al menos uno, un
horizonte y caminar hermano mío, y caminar cuando todo
sea humo y la luz esté apagada, un punto de fuga, uno, una
razón de ser, una razón de huir y encorajarnos, un inventario
de la tierra, una llanura cubierta con asfalto, la destrucción
del llanto o los arneses sobre el cuerpo, al menos uno, al
menos nueve puntos cardinales y un campo donde el baile
aún sea posible. todavía, dices, recuerdo, todavía recuerdo el
territorio, el abandono de palabras, el fuego nocturno y la sal
cubriendo las colinas: somos un niño que da vueltas sobre el
hielo, un niño que da vueltas y más vueltas, vueltas y lanzas
en el costado entre ventiscas. existe un punto de fuga, debe
existir al menos uno, una pérdida y tres cruces de caminos,
cuando miran al cielo tan sólo ven en él clavos y espinas
y el mundo es demasiado tenue tras las tapias, demasiado
penumbra es este valle, demasiado azul que palidece hacia
lo blanco y se detiene, ojos óxido oscuro y se detiene, dedos
sobre el tambor y se detiene, como si aquí apenas la escucha
y solo entonces movimiento. recuerdo el tacto de las crines,
la ondulación del trigo o esta luz que viene hacia nosotros
y de nuevo hacia lo blanco, aquí es todo dolor o bosque
hacia lo blanco y este viento también como animal herido

nos traspasa y entonces mil cristales, un punto de fuga y mil cristales. debe existir al menos la caída o la rabia tras los muros, el grito y siempre el límite del cuerpo dispuesto por azar en la espesura. toda la noche en las cocinas, toda sin posibilidad de establecerse entre la vida, sin deseo ni huella en el camino. ahora sé que la ausencia de tu voz me mimetiza con las rocas, ahora, un punto de fuga y tres o cuatro pasos hacia la servidumbre. recuérdalo aunque ya no lo sientas, recuérdalo cuando nos digan que lo importante está en la cumbre y nunca en cobijarse de los rayos, y nosotros, humildes e ignorantes, aceptemos sin reservas el mandato, un muro y el mandato, tu vida extraviada entre el acero y el mandato. al fin y al cabo todo se ha convertido errante en un andar solitario hacia las fosas, sí, querido hermano, sí, bajo este manto yace la vergüenza de los pueblos que creyeron ser eternos, y nosotros tan solos como siempre, tan inesperadamente solos como siempre creyendo en el enroque, sin saber que es enero y que el valle se ha cubierto de nieve, sin saber que es enero y las maderas se quiebran, sin saber de la fiebre todavía o del canto de cigarras en las tardes. ahora se ha vuelto todo hacia lo blanco y cae granizo entre las notas, ahora y siempre bruma, sin embargo, tres millones atravesando campos hacia la salvación

Idiomas de la escarcha

De ahí viene la cuestión de la flor, la carne en vela por un mundo indudable que vuelve a deshacerse a modo de escarcha

Antonio Méndez Rubio

Primer instante

Nacer como lo hicieron las tormentas,
la habitación oscura o los desiertos.

Nacer,
       lejos y adulto,
lobo que aúlla en medio del rebaño
y ser la mano que golpea
                 un río de gargantas.

Eterna danza,

nacer y eterna danza y nunca
noches, ni brújulas, ni focos,
       y destruir las profecías.

Dos mil mesetas,
nacer dos mil mesetas
             o el flujo del deseo
y a su pesar la vida.

(Fuimos autores del injerto,
trabajadores

                al filo de un afuera
temporal y nervioso)

Nacer, al fin y al cabo,
                                hablantes de un argot
                    que quizás no comprendas:
el olvidado idioma de la sal,
el desplazado idioma de la escarcha.

Siempre y cuando

Todavía es posible navegar las aceras:
                              un paisaje de rocas
una escritura que no tema la noche,
que no tema esconderse,
que acuda al sobresalto
como se acude al grito de los hijos.

Seguimos el sendero,   —¿lo recuerdas?—
        por esta cordillera imaginaria
hasta alcanzar los valles del basalto.
-*Fue aquí la hipocresía,*
allí la última lumbre,
encima cal y piedras,

pero nadie quedó para escribirlo.

Las huellas

Despedazado el ser, despedazada
región llena de escombros.

Aquí conviven los espectros,
al borde del abismo la esperanza:
nada sabemos de este aroma
ni nada de la noche.

Acompáñame al mundo y caminemos
la senda del salitre hacia las minas de coltán,
el rigor del invierno y las cabañas de adobe
hasta que mienta la noche y sin pensarlo
oigamos a los lejos los zumbidos.

Adoración del páramo

Nací donde siembran la nieve y recolectan eneros,
donde cada pisada es en sí misma camino
y cada hora un inmenso lago sin fondo.

Nací, me lo decían,
en la edad de la pólvora y el barro
cuando todo era lunes
          y un humo denso
cubría la pintura
como una fina tela.

Nací,
y fui sobrino de las rocas,
cuando nada era escombro ni siquiera la vida
cuando abismos tan blancos y tus dientes de leche.

El caminante enfermo

Mienten las dieciocho horas a la intemperie
cuando se encuentran con sus dioses.
Mienten porque su piel
                sabe a jarabe de la tos
y tus glándulas se han infectado de uranio.

Nos han robado el aire,
nos han quitado el aire y, sin embargo,

bandadas cruzan hacia el este.

Animalización

Qué extraño verte aquí sentado,
qué horriblemente extraño oculto entre las dunas.

Es tu secreta desolación
lo que nos hace humanos:
aún hay quien nos moldea con calcio y con arcilla,
quien grita *Shibboleth* tras la corriente
y no tiene palabras de consuelo.

Hemos dejado el lecho y avanzamos.
Nos dicen que son campos que quema el enemigo,
pero todo está helado
                    y tu mirada...

Qué extraño, animal agazapado entre dos tiempos,
qué horriblemente extraño
que apenas existamos un instante
                    entre la duda.

Ante la tierra

Existe la lluvia,
     existe la lluvia y la nieve
y la tormenta existe, dices,
una llanura sin final y un horizonte desplazado,
un río que todo lo atraviesa y peces muertos en la orilla.
Existimos en medio del delirio
                y buscamos refugio
ante la inminente caída de las bombas.

Siempre nos pareció
absurdo el nombre que nos dieron,
nos pareció absurdo el silencio y los millones de insectos
viajando hacia occidente,
     absurdo el ruido en los hogares
y tantas otras vidas.

Olvido y destrucción entre la lluvia,
versículos y danzas en la hoguera
       como el intento de sentir
que todavía existe un más acá.

Quince, *tan sólo quince ejemplares del libro iluminado*,
tan sólo búsqueda incesante y trazos de marfil,
                                        únicamente lengua,
fondo sin pozo que se descompone
                                y tus silbidos.

Existe, para sentir el aire, un laberinto abandonado,
para mirar, la herida abierta del cianuro,
o un caballo de patas congeladas
perdido en la espesura:
llora y se deja
caer,

        caer,

                caer,
como los viejos ritos de la sangre.

Los abatidos

No descubrí Pallaksch entre la lluvia
ni junto a la piel muerta de las serpientes.
—¡Párenlos, paren todos los relojes!

(Camino
             dos pasos
                           se aleja
                                     dos pasos)

                     —¡Detengan la locura!
Yo soy de los que piensa que nunca volverá la paz:
-*Buffalo Bill ha muerto sobre su semental de plata y agua.*
Y aún cruzo la desolación, aún sé que no estoy solo,
que vuestros pasos suenan como un millón de bueyes
sobre los rostros: —¿Quién es usted?
Me parezco a la noche de los antiguos mapas,
a la que asciende
         de los abismos
                   de la memoria
                             de la sangre.
-¿Por qué la palma de la mano contra tus ojos?
Es viernes todavía y, sin embargo,
                   palabras de la herida.

Elogio de la voz

Di si es este el canto de la blasfemia,
dilo con esa voz ausente
que carraspea entre la bruma.

Nosotros,
que trajimos sobre la espalda los diarios,
que abrazamos guerreros moribundos
y aullamos junto a ellos,
podemos preguntar
        si conocéis los gritos
           de los muchachos,
si habéis oído hablar de los procesos,
si existe su silbido en la espesura
        o entre los edificios.

Yo he visto caer almas
      en cuyos nombres no hay
         un esplendor escondido y glorioso.

Ha llegado la hora
      que todos esperamos:

Llévame a la ciudad
llévame hasta el bullicio y las estatuas
y déjame cantar en sus murallas

aunque no queden dioses.

De todos los millones y sus fiebres

El aroma de las sombras, de los oasis,
el aroma de la metralla,
                    de los ojos fijos en el vacío,
¡Habla! ¿Viste el callar que nos disloca
                    hasta la muerte?
¿La más compleja de las necedades?
¿El cielo sobre el puerto
                    como un retrato en tonos grises?

¡Dinos!

¿Brotaba el manantial como si nunca la droga
la miseria, la podredumbre,
brotaba como si este tiempo hubiera cambiado,
como si no la poesía?
                    ¿Como si la duda, la rabia?
Estúpidos muchachos,
                    estúpidos e imbéciles,
ellos pusieron la ceniza en la chaqueta del anciano.

Y vosotros nos regalasteis
                    una legión de lerdos,
un coma etilingüístico.

Lo has convertido todo en la ciudad de arena:
recorrido por impulsos eléctricos,
atravesado por dogmas, cables, letras,
morirás entre el sudor rancio de Ninsei,
junto a la nueva Babel de las ciberlenguas. Dinos,
¿has leído a los suicidas: Celan, Storni, Plath, Zweig? ¿Pizarnik?
Dinos, ¿a los supervivientes:
los que vivís seguros
en vuestras casas caldeadas...?
De nuevo entona el canto de hechi-

                              cería, de ocultaciones,

de huida y retrocesos,   hasta que espese la sombra,

entónalo si quieres ser humano   y palpitar

ante un tiempo que se dilata.   Piensa si es cosa grave la voz,
si es cosa grave el delirio, si la memoria, si la infamia:
¿Hay algo más triste que un tren,

                     querido hermano?
¿Hay algo más triste que el silencio que deja
cuando pasa, que las vías, que esas montañas de riscos sobre
las que planea?   ¿Qué fiebre se apoderó
          de todos los millones?

El territorio

Dime por qué pensar
en el instante previo a los derrumbes,
por qué se torna ingobernable lo imposible
y el mundo es lo único inseguro,
por qué locura,
                    ausencia;

este camino sin salida
es una noche que habla por mi boca
y se deshace ante el umbral.

¿Qué hay de los labios maniatados por el miedo
                    que ha tomado Occidente?

La marcha

(a Álvaro López)

He cruzado desiertos tras el paso de los bueyes
        buscando tu rostro de azufre entre miles de cuerpos.

Hui de los oasis,
de su bullicio, su mercado,
      su falsa vida,
          su cartografía de especias
que todo lo impregnaba.
No me quedó más muerte que contar:
             solo estas ruinas y el dolor.

¿Supieron tus huellas la fecha exacta del derrumbe?
     ¿Caíste nunca al calor? ¿Espacio de qué
       días perdidos se tatuó en tu pecho?

Huir. Caer

Aunque sobre los párpados del sol nadie te espere
ni exista una morada bajo el cielo,
vuelve la vista hacia la herida,
                    lentísima alambrada
de donde vienes tú y las ruinas no suturan.

Caed sobre nosotros con la ira
                    y resistid como una muchedumbre
que atraviesa desiertos para ver
la dirección de las bandadas cuando la noche es pueblo sumergido
y un guiño improvisado señala lo sagrado o la mejilla.

Tengo un corte en la piel y sé de la ignorancia,
tengo alojado un salvaje en el vientre,

                                        pero
mi herida es siete llagas en la carne.
Aún es demasiado verde todo negro
—amarillo verdugo
                    que silba hora tras hora y nos espera—.

Sabes de la distancia y la traición
            cuando el aire es más turbio y más espeso.

Saben de ti
   y callas por vergüenza:

      enferma se adormece en silencio
                    y cae.

Pedernal

(a Ramón y Tony)

quiere que se cojan de la mano y bailen en fila
porque la vida, dice, no es más que ver
volar buitres sobre páramos
e intentar alcanzarlos con la yema de los dedos
porque la vida, digo, te equivocas,
la vida es la distancia
entre la yema de los dedos y los buitres:
solo aire, solo espacio, solo querer caminar sobre las aguas
venid y danzad, compañeros, danzad
cuando nos meta en su corro en cualquier comedio,
no olvidéis los pasos ni la arena
porque de arena y pasos está hecho el mundo

Último instante: imagen del delirio

Recorría enorme la mujer pesadumbre los tinteros de insomnio
y ya no más me dice ya no más el aire ni el uranio:
                        en la ciudad de siempre el tiempo pasa a ritmo
como después del mucho vientre lentísimo cangrejo en los suburbios
y es viaje y es polvo y dice tangencialmente en la vereda
no encuentro tus contornos y sé que por algo
                        empieza la desnudez y no eres tú ni yo
la mujer pesadumbre que torpísima en los soportales resiste el frío
que torpísima en la sangre de la plaza
                                hipoteca sus vísceras.

Afirmaba enorme el pájaro loco las quemadas fronteras de la muerte
y ya no más me dice y ya no más el sueño la vigilia y ya no más
tortura herida corte piel muerta rociada de ácido
lanzada donde ya nada queda.

La funesta ebanista no sabe de dónde viene la madera y tú
callas
        callas
                callas
desde que nos dijeron
que no existe la lumbre y la verdad
o el salto hacia el vacío.

Exterior

había un afuera lo recuerdo, un afuera lleno de oxígeno y de
voces, de oxígeno y de voces como de humanos que decían
quédate y serás por fin un hombre quédate y por fin serás,
lo recuerdo en un sueño lúcido, demasiado lúcido, sí, como
si no fuera un sueño lo recuerdo. allí una cárcel y miles de
presos que se fugan, miles de presos corriendo por el llano
hacia no se sabe muy bien dónde y cuatro o cinco o diez que
caen a tierra con su gesto de mármol y sus ojos granates. sí, sí,
había un afuera, había un afuera pero tú habías muerto, pero
tú estabas muerta y sin embargo un afuera. oxígeno. un afuera.
allí la cárcel ya vacía. allí el callejón con sus sobredosis y sus
jueces levantando cadáveres y quemando madera. allí, allí,
un hospital y millones de virus en los pulmones y millones
de pasillos blancos blancos blancos con las paredes blancas
las cortinas blancas las batas blancas el suelo blanco las
camillas las sillas las luces las sensaciones blancas blancas
blancas. allí, allí un hospital con su morgue y su formol, con
sus estudiantes vomitando en los aseos y su cáncer de laringe
páncreas hueso lengua. allí una plaza vacía. un muro sin
pintadas ni carteles. allí un colegio y miles de gargantas y
sus pasillos grises grises grises con las paredes grises y bla bla
bla. había un afuera lo recuerdo, había un afuera lleno de

oxígeno con un enorme ojo y un centenar de pájaros sobre el tendido eléctrico. pero tú estabas muerta y caminabas hacia cinco mil kilómetros de hielo. había un afuera, lo recuerdo. era negro, todo blanco; era negro, todo rojo. lo sé, conozco la lluvia de yodo sobre nuestras cabezas. había un afuera lleno de oxígeno y voces como de humanos. un afuera, un afuera, un afuera

y nosotros perdidos, y nosotros querido hermano
un recuerdo que se desvanece como hormigas
en el centro de un desierto

Epílogo

Deserción adentro

¿Desertar es hacer desierto? Si así fuera, entonces, por un momento, lo desértico no sería algo *ahí*, un *apriori* o realidad *ya* dada sino, más bien, un espacio libre o vacío, en blanco, abrasado(r), que se construye y se destruye, se hace y se deshace como arena corriéndonos por las manos. Desde luego no es solo un juego de palabras, pero ¿y qué pasaría si lo fuera? Que quizá, entre otras cosas, se nos pondría delante una ocasión para repensar y reformular el puente entre lenguaje y realidad, entre palabra y mundo. No es esto poca cosa. ¿Cómo se sale con vida del centro del desierto? En un pasaje de L. Wittgenstein se plantea lo siguiente: alguien que no puede liberarse de un sitio sin salida, por más que se esfuerce, no lo conseguirá empujando la puerta hacia afuera si no cae en que la puerta se abría hacia adentro. Es sabida la preocupación activa de Wittgenstein con las relaciones críticas entre pensamiento y lenguaje. Y es evidente (¿no?) que lo que está aquí en juego no es solamente algo abstracto o conceptual sino, a la vez, concreto y corporal, individual y social, poético y político.

Hormigas en el centro de un desierto empieza con un paso adelante: Zurita y Valente, Gamoneda o Tzara, emplazan la lectura en un lugar que está desierto porque es también no-lugar de trazo, de cicatriz al sol, de herida que no sabe si cerrarse ni cómo... Los pórticos "Interior" y "Exterior" abren accesos de entrada y salida, de tránsito o pasaje, de hemorragia. "había un adentro..." hace destellar un fraseo inquietante, y los poemas de Raúl Molina Gil dejan claro por qué: no es simplemente una cuestión de subjetividad, o de interioridad psicologista (a menudo la vía directa para el *interiorismo* decorativo de las revistas de muebles), es más bien un deslizarse de formas versales, léxicas, frásticas, que cuestionan el estatuto de la *voz*, que perforan el ámbito del saber, que combinan la carga lírica y la inteligencia táctica confundiendo, por ejemplo, la nieve con la presencia espectral de "muchachos casi muertos". Por ejemplo.

En otras palabras, el poder de la (conciencia de la) Realidad se ve minado, subvertido, por las interferencias intermitentes del sueño, del deseo, del temblor. Así es como las pausas se alimentan de puntos suspensivos, y así es como los vacíos sintácticos y semánticos se vuelven magnéticos. Así es como "la ausencia de tu voz me mimetiza". O sea, que así es como el espacio del sentido poético se abre al mundo, el texto al contexto, entre otras cosas, porque no puede ni quiere hacer otra cosa. Lenguaje y pensamiento dialogan mutuamente, y lo hacen no *sobre* o *desde* el mundo, sino como parte del mundo, como si lenguaje y mundo intersectaran en una banda de Moebius sin límites ni remedio ni garantías. A la intemperie. Todo lenguaje es ya en sí algo social, comunal. Y por eso el filo de hermandad que atraviesa este libro no es algo meramente personal, ni tampoco meramente textual, ni social o político, sino todas esas cosas al mismo tiempo. Según apunta C. Bernstein en ¡El lenguaje contraataca!: "la lucha consiste en llevar a una conciencia de escrutinio la función social que juegan distintos modos de lectura/escritura y cómo estos funcionan para legitimar, o constituir, o socavar los poderes jerárquicos al interior de lo social".

Para Raúl Molina Gil, en suma, la lucha acaba de empezar, recomienza con cada línea, con cada cambio de verso, con cada espaciamiento de cada gesto en ese cruce interior/ exterior que implica la práctica poética. Ese cruce eléctrico es proyectado aquí, a menudo, como un mundo que falta, un nosotrxs agujereado, una vivencia de saqueo: "nos han robado el aire". Justamente por ese motivo, cómo no, los tiempos de colapso neoliberal, de crisis vital que nos toca (des)vivir son encarnados, por la intervención de esta *poética de urgencia*, como una experiencia de pérdida de la lengua, de pérdida de la experiencia. Pero esto no en el sentido de un lamento nostálgico por la supuesta plenitud adánica que una vez (otra vez supuestamente) se nos dio, sino, más decisivamente, en tanto señalamiento de todo lo que no se ha cerrado del todo. Como en susurro, líneas de avance se insinúan de forma precaria, insegura, inesperada. Que se nos abra en lo real un espacio de desierto, sin rumbo o sin centro, es en fin una suerte, una llamada callada, casi sin querer, a la necesidad de desertar.

Antonio Méndez Rubio

Índice

© de los textos: Raúl Molina Gil
© del epílogo: Antonio Méndez Rubio
© de la edición: EOLAS EDICIONES

Diagramación: contactovisual.es
Fotografía de portada: Tom Swinnen / pexels.com
ISBN: 979-13-87753-64-1
Deposito legal: LE 519-2025
Impreso en España - Printed in Spain